Les Femmes en Blanc

GAI RIRE À TOUT PRIX

Dessin: Bercovici / Scénario: Cauvin

FLAK

DUPUIS

Réédition : septembre 1993 — D.1989/0089/103
ISBN 2-8001-1684-6 — ISSN 0771-9124

Joyeux Noël

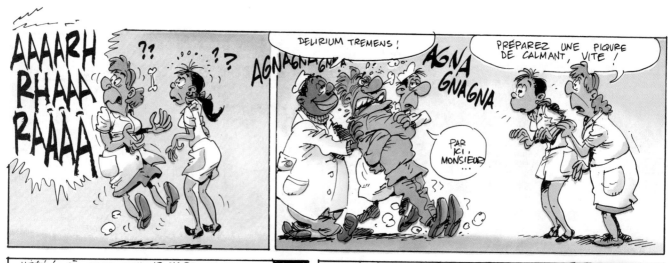

MON DIEU! IL VA FALLOIR LE RECOUDRE ENTIÈREMENT!

PAS LE TEMPS! PRENEZ-MOI L'AGRAFEUSE QUI EST LÀ-BAS!

ENCORE UN CAS D'ASPHYXIE! ENFIN, JE CROIS! IL EST TOUT VIOLET!

SÛREMENT UN OS DE DINDE EN TRAVERS DE LA GORGE...

ET ALORS, CETTE AGRAFEUSE?

HOP

JE M'OCCUPE DE CELUI-CI!

PARFAIT!

ÇA IRA?

BIEN SÛR! JE VOUS AI VUE FAIRE!

HNGGGMNN

IL Y A QUELQUE CHOSE DE SORTI?

?

OUNGF

ZOUUUU

EUH, OUI! SON DENTIER!

ET IL EST TOUJOURS VIOLET?

TOUJOURS!

ALORS, FAITES-LUI UN LAVAGE D'ESTOMAC! IL A SÛREMENT ÉTÉ INTOXIQUÉ PAR UNE DOUZAINE D'HUÎTRES!

BON! SI VOUS LE DITES...

TCHAK TCHAK TCHAK

ON A UN BRÛLÉ! OÙ LE METTONS-NOUS?

EUH... SUR UNE TABLE...

ELLES SONT OCCUPÉES, LES TABLES!

CRTCHHH CRRTCCCHHHH

GLOU GLOU

ÉCOUTEZ! NOUS, ON N'A PAS LE TEMPS! ON LE DÉPOSE LÀ, VOUS EN FAITES CE QUE VOUS VOULEZ!

MADAME! QU'EST-CE QUE JE DOIS FAIRE?!

BOMF

LAISSEZ-LE LÀ OÙ IL EST! IL EST ASSIS SUR LA PLAQUE D'AÉRATION! ÇA LUI ÉVITERA DE SOUFFLER SUR SES BRÛLURES!

MADEMOISELLE!

OUI?

CRRTCHH

PCHH

83 ③

VOUS PRESSEZ PAS TROP POUR CELUI-LÀ ! ON L'A RETROUVÉ DANS LA NEIGE, RAIDE COMME UN BALAI !

NE VOUS OCCUPEZ PAS DE LUI, DE TOUTE FAÇON, IL EST TROP TARD ! VENEZ PLUTÔT M'AIDER À FINIR CELUI-CI !

SORTIE

ALLEZ, MARCEL, Y'A UN AUTRE APPEL URGENT !

ON DIRAIT QU'IL EST MORT DE FAIM ET DE FROID !

ÇA DONNE COMME UN PETIT AIR DE FÊTE, NE TROUVEZ-VOUS PAS ?

ON DIRAIT QUE ÇA SE CALME UN PEU...

ON VA EN PROFITER POUR SE FAIRE UN...

ET UNE PERFORATION D'ESTOMAC, UNE !

OÙ ON LE MET ?

OH NOOON...

UN PEU PLUS TARD, AU PETIT MATIN...

SALUT, LES FILLES ! ON VIENT VOUS RELEVER !

C'EST LE CAS DE LE DIRE !...VOUS EN AVEZ MIS DU TEMPS !

N'EST PAS NOTRE FAUTE, C'EST DIFFICILE DE CIRCULER AVEC TOUTE CETTE NEIGE !

ET LA NOUVELLE, ELLE S'EN EST BIEN TIRÉE ?

OUAIS ! PAS MAL !

GLOU GLOU GLOU

ALLEZ, SALUT, À DEMAIN !

À DEMAIN !

JOYEUX NOËL QUAND MÊME !

AH OUI ! JOYEUX NOËL !

L'ANNÉE PROCHAINE, JE CHOISIRAI LE SERVICE DE GARDE DE LA SAINT-SYLVESTRE !

EN ESPÉRANT QUE ÇA AILLE MIEUX !

N'EMPÊCHE J'AI DES DOUTES !

83.

Bercovici - Cauvin.

Femmes en Blanc sans frontières

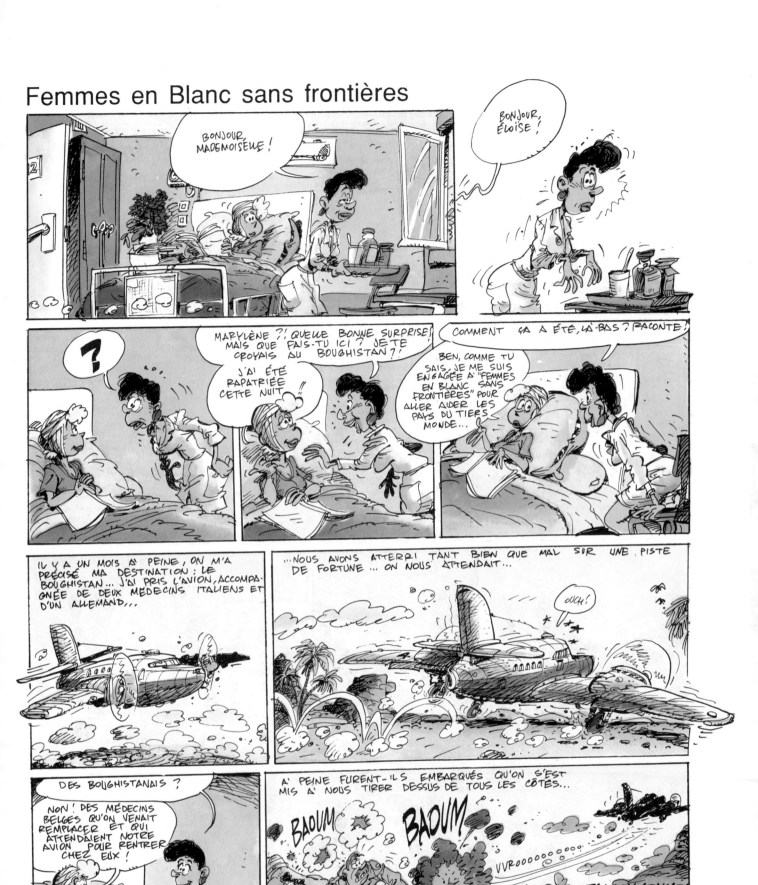

DES BOUGHISTANAIS ?!

NON!, DES CUBAINS! IL Y A LONGTEMPS QU'ILS OCCUPENT UNE PARTIE DU PAYS ET ILS ONT HORREUR QU'ON SE MÊLE DE LEURS AFFAIRES...

ON A JUSTE EU LE TEMPS DE SE METTRE À L'ABRI DANS UN VIEUX HANGAR QUAND SOUDAIN...

BAOM!

AAAAH!!

N'ÉCOUTANT QUE MON COURAGE, JE SAISIS MA TROUSSE DE SECOURS ET FONÇAI VERS MON PREMIER BLESSÉ...

UN BOUGHISTANAIS ?

NON!, UN DES TOUBIBS ITALIENS QUI N'AVAIT PAS EU LE TEMPS DE SE PLANQUER...

C'EST EN LE SOIGNANT QUE J'AI ENTENDU DES COUPS DE FEU D'ARMES AUTOMATIQUES...

TAKATA KATAKA TA

...ON VENAIT À NOTRE SECOURS!...

BONG

ENFIN, LES BOUGH'STANAIS...

NOON! LES ANGLAIS! ILS N'AIMENT PAS QUE LES CUBAINS OCCUPENT SEULS LE BOUGHISTAN, ALORS DE TEMPS EN TEMPS, ILS LEUR CHERCHENT DES CROSSES...

DES GENS TRÈS BIEN, LES ANGLAIS! ON LEUR A EXPLIQUÉ CE QU'ON ÉTAIT VENUS FAIRE, ET ILS NOUS ONT DIRECTEMENT CONDUITS VERS UN CAMP...

SURPEUPLÉ DE BOUGHISTANAIS!

PAS DU TOUT! BOURRÉ DE SOLDATS DE L'O.N.U. QUI SONT LÀ POUR EMPÊCHER LES CUBAINS ET LES ANGLAIS DE SE TAPER DESSUS...

QUAND ILS ONT SU POURQUOI NOUS ÉTIONS LÀ, ILS NOUS ONT CONDUITS DANS UN BARAQUEMENT OÙ SE TROUVAIT UN BLESSÉ QU'ON LEUR AVAIT AMENÉ LE MATIN MÊME...

UN...

NON! UN RUSSE! IL Y EN A QUELQUES-UNS PARMI LES CUBAINS! ILS LEUR SERVENT DE CONSEILLERS...

NOUS AVONS DEMANDÉ AU RESPONSABLE DU CAMP, LE COLONEL MURPHY, OÙ L'ON POURRAIT RENCONTRER DES BOUGHISTANAIS POUR QU'ON PUISSE LEUR PORTER AIDE ET ASSISTANCE"

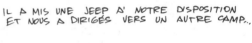

IL A MIS UNE JEEP À NOTRE DISPOSITION ET NOUS A DIRIGÉS VERS UN AUTRE CAMP...

...BOURRÉ DE BOUGHISTANAIS?

PENSES-TU! RIEN QUE DES FRANÇAIS VENUS LÀ POUR CHERCHER DU PÉTROLE!

ON A REPRIS LA JEEP ET ON S'EST REMIS EN ROUTE... ET C'EST LÀ QUE NOUS SOMMES TOMBÉS SUR UNE...

BOUGHISTANAISE?

UNE MINE, OUI! CE FUT UN MASSACRE...

JE FUS LA SEULE À M'EN SORTIR! BLESSÉE MAIS VIVANTE...

J'AI ERRÉ DES HEURES DANS LE DÉSERT, MOURANT DE FAIM ET DE SOIF...

A' BOUT DE FORCES, J'AI FINI PAR M'ÉVANOUIR...

QUAND JE SUIS REVENUE A' MOI, JE ME SUIS RETROUVÉE AU MILIEU D'UNE BANDE DE GUERRIERS... ARMÉS JUSQU'AUX DENTS !

DES GUERRIERS... BOUGHIS-TANAIS ?

JE L'AI CRU L'ESPACE D'UN INSTANT ! MAIS IL S'AGISSAIT DE KURTISTANAIS VENUS ENVAHIR LE BOUGHISTAN BIEN AVANT LES CUBAINS ET LES ANGLAIS, ET QUI M'ONT RETENUE EN OTAGE POUR QUE TOUT LE MONDE LE SACHE, CAR ON NE PARLAIT JAMAIS D'EUX !

QUAND ILS M'ONT ENFIN LIBÉRÉE, ON M'A REMISE AUX MAINS DES RESCAPÉS DU PARIS-DAKAR 1986 QUI S'ÉTAIENT ÉGARÉS ET QU'ON VENAIT DE RETROUVER...

ON NOUS A MIS DANS L'AVION QUI NOUS A RAMENÉS ICI...

MAIS... ET TA BLESSURE A' LA TÊTE ?

OH...

C'ÉTAIT HIER SOIR, EN DESCENDANT LA PASSERELLE...

ALLER AUSSI LOIN POUR VENIR EN AIDE AUX BOUGHISTANAIS, ET REVENIR SANS EN AVOIR APERÇU UN SEUL, C'EST RÂLANT TOUT DE MÊME...

AH MINUTE! J'AI FINI PAR EN VOIR UN! UN VRAI!

AH BON? QUI ÇA?

LE DOCTEUR ADJAÂLMANI! IL FAIT SES ÉTUDES A' PARIS! C'EST LUI QUI ME SOIGNE!

Dur, dur, dur...

L'infirmière en chef

L'INFIRMIÈRE EN CHEF NE RESTE PAS TOUJOURS À LA MÊME PLACE! ELLE PEUT FAIRE IRRUPTION À TOUT MOMENT...

DANS LE LOCAL RÉSERVÉ AUX INFIRMIÈRES, PAR EXEMPLE...

MAIS QU'EST-CE QUE...

CE N'EST PAS UN SALON DE THÉ, ICI! AU TRAVAIL, ET VITE!

TAGADAPTAGA

DAP

DANS LA CHAMBRE D'UN MALADE...

ALORS, COMMENT ÇA VA, AUJOURD'HUI MONSIEUR CLÉMENT?

TRÈS BIEN, MADEMOISELLE! QUAND JE VOUS VOIS, JE ME SENS TELLEMENT MIEUX!

QUE!? RHÔÔÔ!

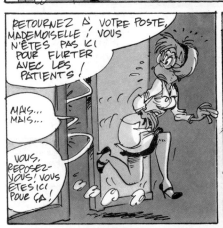

RETOURNEZ À VOTRE POSTE, MADEMOISELLE! VOUS N'ÊTES PAS ICI POUR FLIRTER AVEC LES PATIENTS!

MAIS... MAIS...

VOUS, REPOSEZ-VOUS! VOUS ÊTES ICI POUR ÇA!

OU D'UN AUTRE...

OUILLE!

PETIT DOUILLET, VA!

ALORS? ON TORTURE LES MALADES MAINTENANT?!

MAIS NON, JE...

VOUS, DORMEZ ET TAISEZ-VOUS!

OU D'UN AUTRE ENCORE...

?

AH! MADEMOISELLE, VOUS TOMBEZ BIEN! JE... JE VOUDRAIS FAIRE PIPI...

ANNETTE! LE BASSIN POUR LE 27!

RESTEZ CALME! ON VA VENIR!

ÇA, C'EST L'INFIRMIÈRE EN CHEF!

L'INFIRMIÈRE EN CHEF S'OCCUPE TRÈS PEU DU COMMUN DES MORTELS! ELLE EN LAISSE LE SOIN À SES SUBORDONNÉES...

ELLE PRÉFÈRE LE CHEVET DES GRANDS DE CE MONDE... HOMMES POLITIQUES, ÉCRIVAINS, VEDETTES, ETC...

LAISSEZ MES PETITES, LAISSEZ!

JE M'OCCUPE- RAI DE MONSIEUR LE MINISTRE PERSONNELLEMENT...

DE PLUS L'INFIRMIÈRE EN CHEF...

CRITCH SCRITCH

!

?

QU'EST-CE QUE VOUS CACHEZ LÀ SOUS VOS COUVERTURES?

M...MOI?, MAIS RIEN JE...JE VOUS ASSURE...

DONNEZ-MOI ÇA!

NOOOON!..

JE VOUS DIS DE ME DONNER ÇA!

GNGNNN

OH!

OOOOH!

OOOOOH!...

SLAM!

JE...

PLUS TARD...

COMMENT ÇA, GUÉRI?!, MAIS HIER ENCORE, ON M'AFFIRMAIT QUE JE NE POURRAIS SORTIR QUE DANS HUIT JOURS,... ET ENCORE

C'EST L'INFIRMIÈRE EN CHEF! ELLE...EUH... ELLE A CHANGÉ D'AVIS!

MESDEMOI- SELLES! AU TRAVAIL!

EN TOUT CAS, SI UN JOUR, VOUS ÊTES CONFRONTÉ À UNE INFIR- MIÈRE EN CHEF, UN DERNIER CONSEIL...

SORTI

ÉVITEZ TOUT COMMENTAIRE!

La mort d'Auguste

BANDE DE FOLLES ! AH ! MAIS ÇA NE SE PASSERA PAS COMME ÇA !

Z'ENTENDRONT PARLER DE MOI ...!

NON MAIS...

KRMPFF MMMBBLLM

MMMMBBMFFFF FFRRMMH ..!

OUAHAHAHAHA HAHAHA

AVOUEZ QUE CE N'EST PAS FACILE DE GARDER SON SÉRIEUX, HEIN, DOCTEUR ?

P...POURTANT... HAHA.... IL FAUT FAIRE QUELQUE CHOSE...

HOU HOU

ON NE PEUT TOUT DE MÊME PAS LE LAISSER MOURIR BÊTEMENT COMME ÇA ! ...

EUH HUM... REPRENONS NOTRE SÉRIEUX, VOULEZ-VOUS ? IL S'AGIT DE LA VIE D'UN HOMME, TOUT DE MÊME !

VOUS ÊTES PRÊTES ? BON ! ALLONS-Y !

69

3

A vous couper l'appétit...

IL A COMMENCÉ PAR FAIRE UNE PETITE INCISION ICI... ET PUIS LÀ...

VOTRE GIGOT EST PARFAIT, MADAME! BIEN SAIGNANT!

OH! MERCI!

ATTENTION, NATHALIE! TU VAS METTRE DU SANG SUR LA NAPPE!

AGNÈS! PASSE-MOI TA SERVIETTE! ELLE FERA OFFICE DE COMPRESSE!

ET TOI, PASCALE, DONNE-MOI LA PAILLE QUI SE TROUVE DANS TON VERRE DE LIMONADE!

VOILÀ!

ÇA REPRÉSENTE LE DRAIN! IL L'A PLACÉ À PEU PRÈS LÀ...

...ENSUITE, CRAC! IL A COUPÉ D'UN COUP SEC, ET LES CALCULS SONT APPARUS... GISÈLE, PASSE-MOI CINQ FLAGEOLETS, VEUX-TU?

ALBERT, VIENS VOIR, C'EST DRÔLEMENT INTÉRESSANT!

N...NOON MERCI!

CINQ! BEN, DIS DONC! IL N'A PAS FAIT DANS LE DÉTAIL, TON PATIENT!

OH! TOI, TU NE T'INTÉRESSES JAMAIS À RIEN...

ET ENSUITE IL LES A EXTIRPÉS L'UN APRÈS L'AUTRE COMME CECI!

PASCALE, AVANCE L'ASSIETTE DE PAPA! JE VAIS LES METTRE DEDANS!

ET APRÈS?

APRÈS? IL L'A RECOUSU! JE VAIS VOUS MONTRER! MAMAN, TU AS DU FIL ET UNE AIGUILLE?

PLUS TARD, MA CHÉRIE! LE GIGOT VA REFROIDIR! ET PUIS TON PÈRE A FAIM!

N'OUBLIEZ PAS DE RETIRER LE DRAIN! ENFIN, LA PAILLE!

NATHALIE, TU AS OUBLIÉ UN FLAGEOLET À L'INTÉRIEUR!

ÇA Y EST, JE VOUS L'AVAIS DIT! IL Y A DES TACHES DE SANG SUR LA NAPPE!

MAIS! NOOON! C'EST DU VIN!

ET MAINTENANT, TOUT LE MONDE À TABLE! ALBERT?

TOILETTES

SLAM!

OUAAAARG ARRRGLBLBL OUEEEAAARG ARKK

ALBERT?

PAPA?!

MAIS QU'EST-CE QU'IL A?

PLUS TARD...

ET... AVEC LA SALADE?

UN VERRE D'EAU PLATE!

EN VOILÀ UN QUI SE CONTENTE DE PEU!

CE... CE SERA TOUT?

ABSOLUMENT TOUT!

TU DEVRAIS EN FAIRE AUTANT, ROGER! PENSE À TA VÉSICULE!

Dans de beaux draps

ON ME LES A ENCORE CHANGÉS IL Y A DEUX JOURS !

VOUS REFUSEZ DE QUITTER LE LIT ?!

JE REFUSE !

TENEZ-MOI ÇA, BRIGITTE !

BON !

BARDAF
! ! * * @

JE ME PLAINDRAI À LA DIRECTION ! ÇA NE SE PASSERA PAS COMME ÇA !!!

NE VOUS INQUIÉTEZ PAS...

TOUT LE MONDE LE CONNAÎT ICI ! C'EST UN VIEUX RONCHON...

...VOUS FERAI SAQUER ! HOP !!

ICI, C'EST DIFFÉRENT ! IL EST INCAPABLE DE SE MOUVOIR !

BONJOUR, MONSIEUR GEORGES !

MAIS...IL EST ÉNORME ! ON NE POURRA JAMAIS LE SOULEVER !

QUI PARLE DE LE SOULEVER ?...

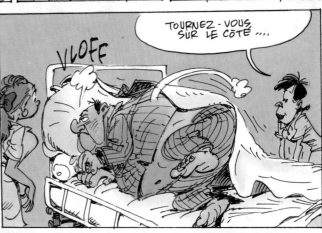

TOURNEZ-VOUS SUR LE CÔTÉ....

VLOFF

ET MAINTENANT DE L'AUTRE...

REVLOFF

N'OUBLIEZ PAS ! D'ABORD UNE MOITIÉ DE LIT, ET PUIS L'AUTRE...

ÉVIDEMMENT, C'EST TOUTE UNE TECHNIQUE...

BONJOUR, MONSIEUR CARLOS ON VIENT CHANGER LES DRAPS !

?

MONSIEUR VAN DE STEENE ?

OUIIIII ?

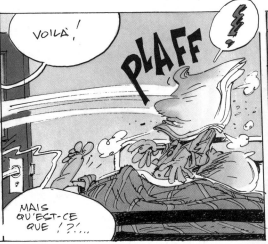

VOILÀ !

PLAFF

MAIS QU'EST-CE QUE !?!...

... MALADIE CONTAGIEUSE !

UN INSTANT, VOULEZ-VOUS !

VOILÀ VOS DRAPS, MONSIEUR PERANIA !

ON... ON NE LUI FAIT PAS SON LIT ?!

BLAF

NON ! JE SAIS, C'EST UN CAS TRAGIQUE ! CE FUT UN ACCIDENT AFFREUX ! MAIS IL S'EN EST SORTI VIVANT ! LE DOCTEUR MINET A DÉCIDÉ QU'À PARTIR DE MAINTENANT, IL DEVAIT RECOMMENCER À S'ASSUMER LUI-MÊME !

SANS BRAS NI JAMBES ? COMMENT VOULEZ-VOUS QU'IL S'EN SORTE ?

MMF MMG HNG...

BAH, IL LUI RESTE LES DENTS, TOUT DE MÊME...

GNNNN AGNNN AGN... GNAGNA...

PLUS TARD...

CHÉRIIII ! TU ES RENTRÉ ?

OUAIS !

QUELLE JOURNÉE ! SAIS-TU QUOI J'AI PASSÉ MON TEMPS ? À APPRENDRE À UNE JEUNE STAGIAIRE À FAIRE LES LITERIES !

AH ? À PROPOS, PEUX-TU ME REJOINDRE DANS LA CHAMBRE ?

EUH... OUI, POURQUOI ?

PARCE QUE JE VOUDRAIS BIEN QUE TU M'EXPLIQUES POURQUOI CHAQUE SOIR, QUAND JE RENTRE, LE LIT N'EST PAS FAIT !

MARISC

La grenouillette

29

La main mise

①
76

EUH... BONJOUR !

BONJOUR...

PFEF
PFE
PFE

ET VOILÀ ! TOUT LE MONDE TROUVE ÇA DRÔLE !

HIHI !... JE SAIS QUE JE NE DEVRAIS PAS RIRE, MAIS METTEZ-VOUS À MA PLACE...

ET VOUS À LA MIENNE...

FLAK

6...!! L'ÉLASTIQUE DE MON PYJAMA A ENCORE LÂCHÉ !

ÇA FAIT CENT FOIS QUE ÇA M'ARRIVE DEPUIS MON ARRIVÉE HIER !!!

LÀ ! VOUS VOYEZ BIEN QUE VOTRE MAIN SERT À QUELQUE CHOSE ! SURTOUT NE LÂCHEZ PAS, VOUS FRISERIEZ L'INDÉCENCE !...

HOUHOUHOU HOUHOUHOU !

SI VOUS AVIEZ ÉTÉ UN HOMME, VOUS EUSSIEZ ATTRAPÉ MA MAIN SUR LA FIGURE, MADAME !

?!!

HIHI ! HIHI !! HI !!!

HOU HOU

MONSIEUR LABRASSINE, J'AI UNE EXCELLENTE NOUVELLE À VOUS ANNONCER !

ON... ON VA REGREFFER MA MAIN À LA BONNE PLACE ??

EXACT !

DANS MES BRAS, DOC...

VLAF

76

INFIRMIÈÈÈÈRES !

E=MC2X

JE PARIE QUE L'ÉLASTIQUE DE SON PYJAMA A ENCORE LÂCHÉ !

CONDUISEZ-LE DIRECTEMENT EN SALLE D'OPÉRATION !...

OUI, DOCTEUR ! BIEN, DOCTEUR !

HI HI HI HI

SIFFLEZ EN TRAVAILLANT...

BRAVO, DOCTEUR ! TOUTES MES FÉLICITATIONS... VOUS FÛTES FORMIDABLE...

VOUS N'ÊTES PAS MAL NON PLUS...

CLIK

DITES, DOCTEUR, VOUS AVEZ VU, IL...

OH, ÇA...

C'EST UNE RÉACTION NORMALE ! UN RÉFLEXE, SI VOUS VOULEZ... UNE HABITUDE QU'IL A GARDÉE DES SEMAINES PRÉCÉDANT L'OPÉRATION...

MAIS VOUS VERREZ, ÇA LUI PRENDRA DU TEMPS, MAIS ÇA FINIRA PAR LUI PASSER...

QUESTION DE RÉÉDUCATION !

DIX JOURS PLUS TARD...

TU VAS LÂCHER ÇA, HEIN ? TU VAS LÂCHER ÇA ?!

VOYONS, MONSIEUR LABRASSINE... IL VOUS FAUT PRENDRE PATIENCE !

ELLE S'EST AGRIPPÉE À CE PANTALON TELLEMENT LONGTEMPS IL FAUT LUI LAISSER LE TEMPS DE COMPRENDRE QUE CE N'EST PLUS NÉCESSAIRE !

Malcovia Cauvin

76

Candidat sous tension

35

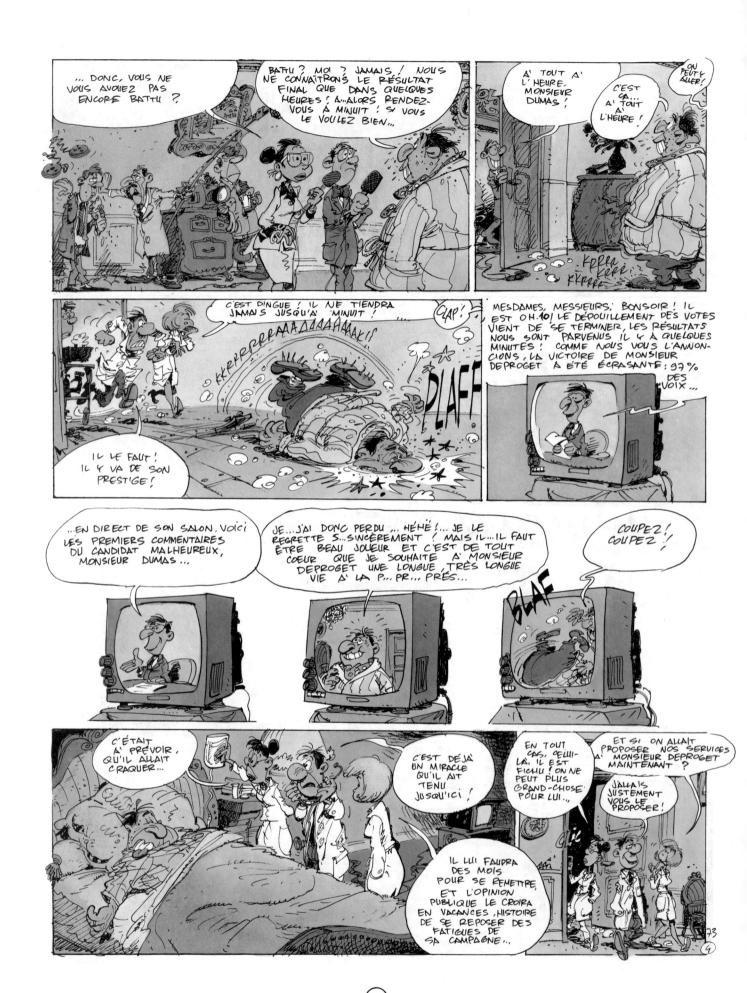

Joli mois de mars

La soupe est servie!

OUAHH HAHAHAHAHAHA HAHAHA

HA HA...

LE RÂLEUR...

QU'EST-CE QUE C'EST, AUJOURD'HUI ?

POULET, POMMES FRITES, SALADE, MONSIEUR FRÈRE...

ENCORE ! JE LEUR AI POURTANT DIT CENT FOIS QUE J'AVAIS HORREUR DU POULET... ET COMME DESSERT !

DU MELON !

...DU MELON ! MAIS C'EST PAS VRAI ! ILS LE FONT EXPRÈS OU QUOI ? J'AIME PAS LE MELON ! JE HAIS LE MELON !

VOULEZ-VOUS UN PETIT YAOURT À LA PLACE ?

HEIN ?

VOTRE PETIT YAOURT, VOUS SAVEZ OÙ VOUS POUVEZ VOUS LE METTRE ?

..., VOUS VOULEZ VRAIMENT QUE JE VOUS LE DISE ?

DITES-VOUS BIEN QUE CET HÔPITAL N'EST PAS LE SEUL DANS LA RÉGION ET QUE JE PEUX TRÈS BIEN ME DÉCIDER À ALLER MOURIR AILLEURS !

EN PLUS, LE POULET EST FROID !

IL Y A LES DRAGUEURS...

ET SI ON SORTAIT CE SOIR ?

D'ACCORD ! VOUS PASSEREZ ME PRENDRE À QUELLE HEURE ? HIN HIN HIN...,

...OU CARRÉMENT L'OBSÉDÉ...

MONSIEUR DUMONT ?

OUIIII ?

MAIS QU'EST-CE QUE ? LÂCHEZ-MOI ! VOULEZ-VOUS BIEN ME LÂCHER !

KISS KISS KISS

CLAQUE!

LA PROCHAINE FOIS, VOUS RECEVREZ VOTRE DÉJEUNER DES MAINS D'UN INFIRMIER !...

SALE BÊTE !

80

2

LE SADIQUE, L'ABRUTI COMPLET DES FILMS D'HORREUR, GENRE MASSACRE A' LA TRONÇONNEUSE, ET TOUT LE RESTE...

MONSIEUR BOUYGUES?

MON... MONSIEUR BOUYGUES?

CLICK

AAA... AAARRGH

MONSIEUR BOUYGUES, SI VOUS PERSISTEZ, NOUS NOUS VERRONS FORCÉS DE VOUS PASSER LA CAMISOLE...

AAARG AAARG AAARG

ENFIN, IL Y A MONSIEUR HERSANT, UN CAS A' PART, CELUI-LA'...

VOILA' PLUS DE QUINZE JOURS QUE JE LUI PORTE SON PETIT DÉJEUNER, SON DÉJEUNER ET SON DÎNER, ET IL NE TOUCHE JAMAIS A' RIEN...

JE RETROUVE TOUJOURS LES PLATS TELS QUE JE LES LUI AI LAISSÉS LA VEILLE...

MORGUE

... ET TU TROUVAIS ÇA NORMAL, TOI?

BEN... ENFIN, MAINTENANT QUE VOUS ME LE DITES...

L'Europe de demain

Elle aime les lentilles...

BONJOUR, MONSIEUR BLANCHOT, C'EST L'HEURE DE VOTRE PIQÛRE...

TIENS! VOUS NE PORTEZ PLUS DE LUNETTES ?!

NON! J'AI OPTÉ POUR LES LENTILLES DE CONTACT! JE TROUVE ÇA PLUS ESTHÉTIQUE! ...JE VOUS L'AI DÉJÀ DIT HIER ET ENCORE AVANT-HIER!

ET ÇA MARCHE ?

BIEN SÛR! POURQUOI ME DEMANDEZ-VOUS TOUJOURS ÇA? RETOURNEZ-VOUS, S.V.P...

ET VOILA! C'EST TRÈS BIEN! CETTE FOIS ENCORE, VOUS NE VOUS ÊTES PAS PLAINT!

DITES, JE PEUX ALLER ME PROMENER UN PEU ?

BIEN SÛR! LE DOCTEUR NE VOUS L'A PAS INTERDIT, QUE JE SACHE!

ELECTROP...

ELLE EST VENUE?

ELLE EST PASSÉE IL Y A CINQ MINUTES!

ALORS?

COMME D'HABITUDE! ELLE A PIQUÉ DANS LES DRAPS!

IL FAUDRA BIEN UN JOUR QUE QUELQU'UN SE DÉCIDE À LUI DIRE...

J'AI BIEN ESSAYÉ, MAIS C'EST TRÈS TRÈS DIFFICILE...

82

Erreur sur la personne

MILLE MILLIARDS DE !!! QU'EST-CE QUI M'A FICHU UNE ASSISTANTE PAREILLE !!

DOCTEUR PYTKYLCH ?

OUI ?!

EXCUSEZ-MOI SI JE SUIS EN RETARD, MAIS J'AI ÉTÉ PRÉVENUE À LA DERNIÈRE MINUTE ! J'ÉTAIS DÉJÀ COUCHÉE, LE TEMPS DE ME...

MAIS, QUI ÊTES-VOUS, VOUS ?

BEN... VOTRE ASSISTANTE ! ON M'A DEMANDÉ DE VOUS AIDER À PRATIQUER UNE AUTOPSIE SUR UN MALFRAT QUI A ÉTÉ ABATTU CE SOIR !

MAIS ALORS, CELLE-LÀ, QUI EST-CE ?

JE... JAMAIS VUE !

VOUS, VOUS AVEZ L'HABITUDE, AU MOINS ?

BIEN SÛR !

LÀ, QU'EST-CE QUE VOUS VOYEZ ?

TIENS ! IL A ÉTÉ À "LA LIMACE RIEUSE"

"...ET QU'EST-CE QU'IL A MANGÉ ?

APPAREMMENT, IL A COMMENCÉ PAR UNE MOUSSE DE POISSON, ENSUITE LA TERRINE DU CHEF,...

BLOURGLOUB BLOURG BL

PLUS TARD... CHÉRI ! TU NE DEVINERAS JAMAIS CE QUI VIENT DE M'ARRIVER ! JE VENAIS DE TERMINER MON SERVICE, J'AVAIS DÉJÀ RANGÉ MES BROSSES ET MON ASPIRATEUR QUAND SOUDAIN ...

CHÉRIE, C'EST TON ANNIVERSAIRE, ALORS PARLONS D'AUTRE CHOSE ! J'AI DÉCIDÉ DE T'INVITER AU RESTAURANT !

QUEL RESTAURANT ?

À "LA LIMACE RIEUSE" !

MAIS QU'EST-CE QUE J'AI DIT ? MAIS QU'EST-CE QUE J'AI DIT ??!!

48